大展好書　好書大展
品嘗好書　冠群可期

大展好書　好書大展

品嘗好書　冠群可期

楊式太極拳

9

楊氏太極拳用法

附DVD

楊振鐸　著

大展出版社有限公司

楊露禪　遺像

楊健侯　遺像

楊澄甫　遺像

作者　楊振鐸

右：楊振鐸（作者）

中：楊澄甫（父）

左：楊助清（母）

左二：楊振國（四弟）

右二：楊振基（二哥）

1997年作者與其夫人、孫媳、重孫女合影

1999年美國特洛伊市市長向楊振鐸贈該城金鑰匙

楊氏太極拳用法

1999年在法國PAU市市長主持雞尾酒會

1998年作者在加拿大授拳

2000年作者在義大利羅馬講學

2000年作者在美國波特蘭授拳

2001 年作者在義大利米蘭講學

美國密西根州講學與學員合影

前　言

　　當前，習練楊氏太極拳者越來越多，而且有許多愛好者提出，應以《太極拳體用全書》爲藍本，早日編寫適合初學者使用的通俗教材。

　　自1934年楊公澄甫所著《太極拳體用全書》問世以來，由於內容豐富，拳姿舒展雄健，堪稱楷模，深受廣大愛好者的歡迎與喜愛，雖時隔數載，至今仍然是習練楊氏太極拳者所必須遵照摹練之藍本。

　　《太極拳體用全書》文字簡練，內容均爲應用之法，其拳照是由楊公澄甫宗師親自示範，被太極拳愛好者尊爲楊氏太極拳典型代表，楷模中之鼻祖。該書實屬楊氏太極拳愛好者最後攀登高標準之珍本。

　　現今習練楊氏太極拳者甚多，而《太極拳體用全書》係高年級具有一定水準者研究之課本，一般初學者不易接受，因此在實際習練過程中，確有許多不便之處，只能依樣畫葫蘆，水準不易提高。故要求楊氏後裔也以照片形式（因畫像不易表達神態）在原《太

極拳體用全書》拳照的基礎上，增加過渡動作，並在文字上採用簡明易懂的語言，盡可能將基本理論、習練方法、動作要領、要求等用白話說明，以便學者從理論認識、鍛鍊方法、動作要求上有所瞭解，不致人云亦云，形式模仿，心中無數，不得要領。因之迫切希望編寫適合廣大楊氏太極拳愛好者需要的初級課本。這是楊氏太極拳愛好者企盼已久的願望。

鑒於上述意見，我作爲楊氏後裔，責無旁貸，應盡可能滿足大家的要求，因此編寫了《傳統楊氏太極拳叢書》這套教材，其中包括《楊氏太極拳一百零三式》、《楊氏太極拳表演比賽套路》（四十九式）、《楊氏太極拳十三式》、《楊氏太極劍》、《楊氏太極刀》、《楊氏太極拳用法》共六冊，均配有教學光盤。本套教材的出版，對於普及楊氏太極拳，指導楊氏太極拳健康發展，發展太極拳運動將起到重要作用。

由於本人水準所限，書中會有許多不足之處，望讀者見諒。

楊氏太極拳簡介

　　楊氏太極拳是太極拳中的一個流派。它由第一代宗師楊祿禪及其子楊班侯、楊健侯，其孫少侯、楊澄甫祖孫三代人懷著為人類造福的理想，結合社會發展的需要，苦心鑽研，在不違背武術本能的基礎上，保留了技擊與攻防內容，創造了一套緩慢柔和、式式均勻、姿勢舒展、勁在內涵、形象優美的動作，並具有純樸、獨特、新穎、別致的特色，它在中國武壇上的出現，為人類強身健體、治療疾病、延年益壽、陶冶情操，做出了卓越的貢獻。

　　楊氏太極拳是哲拳，它是武術，也是醫術，更是具有豐富內涵的東方文化。楊氏太極拳是中華民族傳統武術的珍貴遺產，它融匯陰陽八卦、五行學說哲理，博採各家武術精華，動作適應人體生理機制。楊氏太極拳其動靜虛實的變化、剛柔內外之消長，與唯物辯證法闡明的矛盾相互依存、相互對立、相互轉化的規律相吻合，是體育運動中最適宜健身的具有科學

原理的優秀拳種之一。

楊氏太極拳架式舒展大方，動作簡潔柔和，速度緩慢均勻，動中有靜，柔中寓剛，以意引氣，以氣運身，內外相合，身心兼修，老少皆宜。它具有強身祛病之效，又是自衛技擊之術，不僅歷六世、經百餘年而不衰，而且隨著現代科學的不斷發展，日益呈現風行環宇之勢。

楊氏太極拳構思細膩，編排合理，結構嚴謹，全面完整，有一定的科學性，使武術、保健、療病三者自然結合，不但能消除三者之間原有的矛盾，還能起到相互促進的作用。同時在處理一般動作與高難動作的協調、緩和與緊張的安排上，都顯得非常適當，使演練者自始至終，甚至連續練幾趟，均感舒適，輕鬆愉悅。尤能適應多方需求，滿足練功、健體、療病的男女老少需要。它適應面廣，鍛鍊效果較好，使太極拳成為中華民族寶貴的文化遺產，為中華武術這一塊寶增添了色彩。

國家體委早在1956年與1959年前後就以楊澄甫拳架為藍本，編寫了《24式簡化太極拳》、《88式太極拳》。自推廣以來，深受廣大群眾歡迎。國家體委武術研究院為了適應當前國內外太極拳發展的需

要，又特彙編了四氏太極拳競賽套路（楊、陳、吳、孫），其動作均要求按傳統練法編排，它對今後國內外太極拳運動的蓬勃發展起到了重要作用。

套路演練的基本理論，是指導楊氏太極拳健康發展的準繩。楊公澄甫所著《太極拳術十要》、《太極拳之練習談》，幾經滄桑，至今仍然是指導楊氏太極拳健康發展必須遵循的準則。

楊氏太極拳發展形勢是喜人的，如今遍及海內外，習練者日益增多，普及面更加廣泛。願太極拳爲慢性病患者造福，爲人類健康長壽做出貢獻！

目　錄

楊氏太極拳二十字口訣

（對上肢要求）

抻出肘尖，空出腋肢窩。
肘尖、拽膀尖、連手腕、帶手指。

二十字口訣字句不多，但言短意深、耐人尋味。這雖然指的是上肢各個部位、但能起到由此及彼的連鎖反映。不只是聯想到，而且能夠立即真正感覺到，正是由於上肢的活動，牽動了含胸，引發了拔背，導致了鬆腰、鬆胯，以致實現了由腳而腿而腰節節貫穿等要領的內在聯繫及相互結合。由此而產生的勁感，達到的整體感，都是習練者必須切實體驗到、切實做到的。這對於練好太極拳是非常重要的。可見二十字口訣關係著每一著勢，決定著整體套路連貫完成。所以，望學生認真領悟真意，體驗「抻」、「空」、「拽」、「連」、「帶」引發的勁感，以助整體修為、內外相兼之演練。

習練楊氏太極拳的手法

楊氏太極拳對手的要求是比較嚴格的，拳主要體現在手上，因之對手的形狀，以至具體到各種掌法、拳法（捶法）及吊手的位置、方向、角度在技擊中的作用，以及鍛鍊效果，都具有一定作用。

因之，在手、眼、身、法、步的要求中，把手放在了第一位，這也說明了它的重要性。

「手法」中包括各種掌法、拳法（捶法）以及吊手。現分別介紹如下：

一、掌　法

掌法是手法中的一種，分為兩個類型，約有九種。

第一類型：坐腕立掌型

有五種掌法：1.立掌；2.正掌；3.平掌；4.俯掌；5.反掌。

第二類型：直伸型

有四種掌法：1.垂掌；2.直掌；3.側掌；4.仰掌。

（一）「坐腕立掌型」的特點

坐腕立掌的特點：掌的伸出都必須坐腕立掌。

坐腕立掌的做法：首先，手腕要坐實，然後將手掌向上立，也就是往上翹，逐漸使五指尖朝上，掌心向前。當手掌向上翹到一定程度時，就會產生一種內在的自我感覺，這種感覺稱之為「勁感」。

如果習練者鍛鍊有素，這種「勁感」則立即貫通全身。初學者則會出現局部僵硬的感覺（手脖子發酸發困）。

以上兩種感覺截然不同，因之，初學者應首先去除手掌上立不夠而出現的軟弱空虛，無著落之感，但上翹過分產生的僵硬呆板，也非追求之目的。只要是感覺到了的，「勁感」不適宜，可以修正；如果感覺不到，就是空的，是不能自我調整的。這一掌法綱舉目張地統攝著勁的內含和精神的表達及剛柔的實現，以致節節貫穿，整體協調。

要練好楊氏太極拳，就必須由立掌找到這一

「勁感」。

以下是坐腕立掌型的幾種掌法：

1. 立 掌

指尖朝上或偏向上方，掌心不向正前方，而向其他方向者，謂立掌。例如，摟膝拗步和倒攆猴式的上方掌，玉女穿梭的下方掌。

2. 正 掌

指尖向上，掌心向正前方者，謂之正掌。例如攬雀尾式中之按，如封似閉之按均屬正面掌，這兩種掌法都是以推為主。而立掌則以擊打為主。

3. 平 掌

不論指尖指向何方，而掌心向下或向左、右平環者。例如單鞭、肘底錘之過渡式。

4. 俯 掌

掌心向下或偏向下，不論指尖指向何方，都稱之為俯掌。例如摟膝拗步，野馬分鬃，白鶴亮翅的下方掌，裁捶、指襠捶式的左掌等。

5. 反　掌

指尖指向一側，或偏向一側，掌心向外者，都稱之為反掌。例如，玉女穿梭、白鶴亮翅式之上方掌，雲手式之由掤轉採的掌。

（二）「直伸型」的特點

直伸型掌法的特點以及作法：只需將手掌伸直（不要硬挺、手形不變）、放平、放展、引長就可以了。它不需要坐腕立掌，但也要有內勁的自我感覺以及整體貫穿，雖然與坐腕立掌型表現形式以及作法有所不同，但產生的作用與效果都是一樣的。兩者相互依存，彼此配合，應等同視之。

以下是直伸型的幾種掌法：

1. 垂　掌

掌心向裏或偏向裏，指尖向下或偏向下者謂垂掌。例如預備式之兩臂下垂，當兩臂環下圓弧時等。

2. 直　掌

掌心向下或偏向下，不論指尖指向何方者謂直

掌。例如，起勢之兩臂提起，又如由按式轉單鞭之過渡等。

3. 側　掌

掌心向裏或偏向裏，不論指尖指向何方者謂側掌。例如，攬雀尾之左右掤，雲手的掤等。

4. 仰　掌

掌心向上或偏向上方，指尖向前或偏向前者謂之仰掌。例如，倒攆猴和高探馬的下方掌，斜飛勢和穿掌的上方掌等。

以上所介紹的有關掌法與手形的正確與否有著不可分割的關連。關於手形，在《太極拳術十要》中已經講到：「掌宜微伸，指宜微曲」，但在實際習練時，還有一條「指縫稍離」也是非常重要的，要手指不能併攏，也不能揸開。

這樣，手掌的外部形象，更加趨於完善，既有剛的內含，又有柔韌的外觀，自然，瀟灑，可謂形神兼備，望學者默識，體悟揣摩。

各種掌法是否能夠做好，其基礎都在「放鬆」，如果能夠正確理解「放鬆」的意義，練法對

頭，自會有好的效果。

因之，必須有正確的練法，才能使各種掌法運用得當，並收到一掌攝全身的效果。

二、捶　法

捶法也稱之為拳法，同屬手法中的一種。首先介紹捶的握法以及捶的形狀：

捶的握法，要求食指，中指，無名指和小指均向裏屈握實，而母指置食指外側，握好握實，形成俗稱的拳頭。對拳頭形狀的具體要求（*以右手之正面拳為例*）：拳面向前，拳眼向上，拳心向裏，拳背朝外。拳面是指向裏屈之四指的第二節至第三節的平面。正面拳與掌的直伸型同屬一個類型，雖然握的是拳，但出拳時是直接伸出去的，而另一個類型，與掌法中的坐腕立掌型近似，但又有它的不同處，現按照套路順序，將出現的拳式分別介紹如下：

1. 搬攔捶

以右手握拳稱之為搬，左手坐掌為攔。搬分俯腕搬與翻腕搬兩種，俯腕搬要求拳向上翹，拳心向下，似掌法中之立掌。而翻腕搬要求拳心向裏，拳

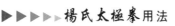

背朝外，拳向裏扣。這兩種拳形的出現，與掌法中之坐腕立掌相似，其扣與翹，都必須做到一定程度，到位了才能產生勁感完成搬的動作，最後還有一捶，要求正面平伸，是正面平捶向對方擊出，也要求有勁感，而兩搬是向左右兩側走橫向。左掌之攔，實為攔擋之意。

2. 肘底捶

肘底捶是以左手將對方之臂托起，用右手握拳，在其肋下以拳擊之。右拳的做法，注意臂向裏平曲，拳向裏扣，拳心向裏，拳背朝外，拳眼向上，它與掌法中之平坐掌相似。實際上扣就是坐，不扣則不得力。

3. 轉身撇身捶

撇身捶是以拳背向對方面部擊出。其捶的做法與搬攔捶之兩搬類同，先走俯腕捶，後以翻腕捶正面擊出，拳心向裏，扣腕，使拳面繃起朝外即可。

4. 栽　捶

栽捶屬直伸形，它與搬攔捶之捶的做法一樣，

搬攔捶最後出的捶，是以正面平捶出擊，而栽捶顧名思義是朝下的，因此，大約以45度角度朝對方下肢擊出就可以了。

5. 打虎勢之捶

該捶分上下，上為外扣，下為裏扣，上方拳意在擊打對方頭部，下方拳意在擊打對方腹部及肋部，兩拳眼是上下相對的，但上方拳拳心向外，而下方拳拳心是向裏的，注意兩拳都必須由腕部使其向裏扣，同樣找到勁感。

6. 雙峰貫耳之捶

該捶是以兩拳之食指第三節擊打對方兩鬢（太陽穴），故要求兩拳均向內扣，由兩側使兩拳向下朝裏扣，兩拳眼側相對，以兩拳之食指第三節相對，兩拳心均向前。注意不得以兩拳面相對，也不能以兩拳眼相對。

7.指襠捶

指襠捶，顧名思義，就是以拳擊打對方下身。具體做法與搬攔捶之捶，栽捶之捶屬同一做法，惟

指襠捶是指對方的襠，三拳做法一樣惟擊打點有所不同，既然搬攔捶之捶是平捶，栽捶是向下，而中間就是指襠了，三者分出高中低就可以了。

8.彎弓射虎

該捶意在以兩拳同時擊出，一擊頭，一擊胸，上方捶擊頭，下方捶擊胸，兩拳均由一側向另一側擊出，是屬直伸型拳法，無須扣腕，兩拳拳眼是上下相對的，但拳心都是朝外的，拳面側向前。

以上諸捶法，由於用法要求不同，所以表現形式也有所不同，但有一點是相同的，即必須有勁感，這一點與掌法以至吊手都是一致的，在手、眼、身、法、步中以手為首，是貫穿整體的關鍵部位，它既能表現出武術的攻防意識，同時也是精氣神的具體體現，望認真尋求。

太極拳之練習談

永年楊公澄甫遺著

中國之拳術，雖派別繁多，要知皆寓有哲理之技術，歷來古人窮畢生之精力，而不能盡其玄妙者，比比皆是。雖然，學者若費一日之功力，即得有一日之成效，日積月累，水到渠成。

太極拳，乃柔中寓剛，棉裏藏針之藝術，於技術上、生理上、力學上，有相當之哲理存焉。故研究此道者須經過一定之程序，與相當之時日。雖然良師之指導，好友之切磋，固不可少，而最緊要者，是在逐日自身之鍛鍊，否則談論終日，思慕經年，一朝交手，空洞無物，依然是門外漢者，未有逐日功夫。

古人所謂，終思無益，不如學也。若能晨昏無間，寒暑不易，一經動念，即舉摹練，無論老幼男女，即其成功則一也。

近來研究太極拳者，由北而南，自黃河流域至

揚子江流域，同志日增，不禁為武術前途喜。然同志中，專心苦練，誠心向學，將來不可限量者，固不乏人，但普通不免入於兩途：

一則天才即俱，年力又強，舉一反三，穎悟出群；惜乎稍有小成，便是滿足，遽邇中輟，未能大受。

其次急求速效，忽略而成，未經一載，拳、劍、刀、槍皆已學全，雖能依樣葫蘆，而實際未得此中三味，一經考究其方向動作，上下內外，皆未合度，如欲改正，則式式皆須修改；且朝經改正，而夕已忘卻，故常聞人曰：習拳容易改拳難。此語之來，皆由速成而致此。如此輩者，以訛傳訛，必致自誤誤人，最為技術前途憂者也。

太極拳開始選練拳架。所謂拳架者，即照拳譜上各式名稱，一式一式由師指教，學者悉心靜心，默記揣摹，而照行之，謂之練架子，此時學者分內外上下注意。

屬於內者，即所謂用意不用力，下則氣沉丹田，上則虛靈頂勁；屬於外者，周身輕靈，節節貫串，由腳而腿而腰，沉肩曲肘等是也。

初學之時，先此數句，朝夕揣摹，而體會之，

一招一式，總須仔細推求，舉動練習，務求正確，習練既純，再求二式，於是逐漸而至於習完。如是則毋事改正，日久亦不致更變要領也。

習練運行時，周身骨節，均須鬆開自然。其一，口腹不可閉氣，其二，四肢腰腿不可起強勁。此二句，學內家拳者，類能道之，但一舉動，一轉身，或踢腿擺腰，其氣喘矣，其身搖矣，其病皆由閉氣與起強勁也。

1. 摹練時頭部不可偏側與俯仰。所謂要頂頭懸，若有物頂於頭上之意，切忌硬直，所謂懸字意義也。目光雖然向前平視，有時當隨身法而轉移，其視線雖屬空虛，亦為變化中一緊要之動作，而補身法手法之不足也。其口似開非開，似閉非閉，口呼鼻吸，任其自然。如舌下生津，當隨咽入，勿吐棄之。

2. 身軀宜中正而不倚；脊樑與尾閭，宜垂直不偏。但遇開合變化時，有含胸拔背，沉肩轉腰之活用，初學時節須注意。否則日久難改，必流於板滯，功夫雖深，難以得益致用矣。

3. 兩臂骨節均須鬆開，肩應下垂，肘應下曲，掌以微伸，手指微曲，以意運臂，以氣貫指，日積

月累，內勁通靈，其玄妙自生矣。

4. 兩腿宜分虛實，起落猶似貓行。體重移於左者，則左實，而右腳謂之虛；若移於右者，則右實，而左腳謂之虛。所謂虛者非空，其勢仍未斷，而留有伸縮變化之餘意存焉。所謂實者，確實而已，非用勁過分，用力過猛之謂。故腿曲至垂直為準，逾此謂之過勁。身軀前撲，即失中正姿勢，敵得生乘機攻矣。

5. 腳掌應分踢腿（譜上左右分腳或寫左右翹腳）與蹬腿二式。踢腿時則注意腳尖，蹬腿時則注意全掌，意到則氣到，氣到而勁自到。但骨節均須鬆開而平穩出之，此時最易起強勁，身軀波折而不穩，發腿亦無力矣。

太極拳之程序，先練拳架（屬於徒手），如太極拳，太極長拳；其次單手推挽，原地推手，活步推手，大捋，散手；再次則器械，如太極劍，太極刀，太極槍（十三槍）等是也。

練拳時間，每日起床後兩遍。若晨起無暇，則睡前兩遍，一日之中，應練七八次，至少晨昏各一遍。但醉後、飽食，皆宜避忌。

練習地點，以庭園與廳堂，能通空氣，多光線

者，皆為相宜。但忌直射之烈風，與有陰濕黴氣之場所耳；因身體一經運動，呼吸定然深長，故烈風與黴氣，如深入腹中有害於肺臟，易致疾病也。練習之服裝，以寬大之中服短裝，與闊頭之布鞋為相宜，習練經時，如遇出汗，切忌脫衣裸體，或行冷水揩抹；否則未有不罹疾病也。

太極拳十要

楊澄甫口授　陳微明筆錄

1. 虛靈頂勁

頂勁者，頭容正直神貫於頂也。不可用力，用力則項強，氣血不能通流，須有虛靈自然之意。非有虛靈頂勁之意，則精神不能提起也。

2. 含胸拔背

含胸者，胸略內含，使氣沉於丹田也。胸忌挺出，挺出則氣擁胸際，上重下輕，腳跟易於浮起。拔背者，氣貼於背也。能含胸則自能拔背；能拔背，則能力由脊發，所向無敵。

3. 鬆　腰

腰為一身之主宰，能鬆腰，然後兩足有力，下盤穩固，虛實變化，皆由腰轉動，故曰：「命意源

頭在腰隙。」有不得力，必於腰腿求之也。

4. 分虛實

太極拳術，以分虛實為第一義。如全身皆坐在右腿，則右腿為實，左腿為虛；全身坐在左腿，則左腿為實，右腿為虛。虛實能分，而後轉動輕靈，毫不費力；如不能分，則邁步重滯，自立不穩，而易為人所牽動。

5. 沉肩墜肘

沉肩者，肩鬆開下垂也；若不能鬆垂，兩肩端起，則氣亦隨之而上，全身皆不得力矣。

墜肘者，肘往下鬆垂之意。肘若懸起則肩不能沉，放人不遠，近於外家之斷勁矣。

6. 用意不用力

太極拳論云，此全是用意不用力。練太極拳，全身鬆開，不使用分毫之拙勁，以留滯於筋骨血脈之間，以自束縛，然後能輕靈變化，圓轉自如。或疑不用力，何以能長力？

蓋人身有經絡，如地之溝洫，溝洫不塞而水

行，經絡不閉而氣通。如渾身僵勁，充滿經絡，氣血停滯，轉動不靈，牽一髮而全身動矣。

若不用力而用意，意之所至，氣即至焉。如是氣血流注，日日貫輸，周流全身，無時停滯，久久練習，則得真正內勁，即太極論中所云，「極柔軟，然後能極堅剛」也。

太極功夫純熟之人，臂膊如棉主裹鐵，分量極沉。練外家拳者，用力則顯有力，不用力時，則甚輕浮。可見其力，乃外勁浮面之勁也。外家之力，最易引動，故不足尚也。

7. 上下相隨

上下相隨者，即太極論中所云：「其根在腳，發於腿，主宰於腰，形於手指，由腳而腿而腰，總須完整一氣也。」手動腰動足動，眼神亦隨之動。如是方可謂上下相隨。有一不動，即散亂矣。

8. 內外相合

太極所練在神，故云「神為主帥，身為軀使」。精神能提得起，自然舉動輕靈，架子不外虛實開合。

所謂開者，不但手腳開，心意亦與之俱開；所謂合者，不但手足合，心意亦與之俱合。能內外合為一氣，則渾然無間矣。

9. 相連不斷

外家拳術，其勁乃後天之拙勁，故有起止，有續有斷，舊力已盡，新力未生，此時最易為人所束。太極用意不用力，自始至終，綿綿不斷，週而復始，循環無窮。

拳論所謂「如長江大河，滔滔不絕」。又曰：運勁如抽絲。皆言其貫串一氣也。

10. 動中求靜

外家拳術，以跳躑為能，用盡氣力，故練習之後，無不喘氣者。太極以靜禦動，雖動猶靜。故練架子，愈慢愈好。慢則呼吸深長，氣沉丹田，自無血脈僨張之弊。學者細心體會庶可得其意焉。

楊氏太極拳的特點、練法、架式、風格

特　點

架式舒展簡潔，結構嚴謹，身法中正，不偏不倚，動作和順，剛柔內含，輕靈沉著兼而有之。

練　法

由鬆入柔，積柔成剛，剛柔相濟。

架　式

有高中低之分，可以按學者不同年齡、性別和體力條件以及學者的不同要求適當調整運動量。

風　格

由於楊氏太極拳姿勢舒展，輕靈自然，中正圓滿，平正樸實，因之，能夠很自然地表現出氣魄大、形象美的獨特風格。

楊氏太極拳
符合原則科學健身

據最新科學研究報告，健身方法和原則是：

1. 應該是中低強度的有氧耐力運動。

2. 應該是有節奏的運動，並且運動時間持續在20～60分鐘，每日1至2次。

3. 運動後在10秒內測定心率在每分鐘110次範圍內。

對照以上原則，習練楊氏太極拳完全符合這一要求。

首先，它的運動強度屬中低等強度，並有氧耐力。其次不但在習練過程中具有節奏感，而且相對平穩，整體協調平衡；在時間上，一趟拳練下來大約是20～25分鐘，如果再練上一趟劍5分鐘，刀2分鐘，這樣在時間上也符合。由於有了以上條件，在心率的測定上，也是合乎要求的。總之，習練楊氏太極拳是符合科學健身原則的。

楊氏太極拳用法之說明

太極拳之用法，係根據《太極拳用法及變化》一書編寫的。該書係先父遺著，附有先父楊公澄甫遺照，共有三十七圖，每圖示意逼真，用法動作清晰，尤其在神態上以及周身把太極拳鍛鍊要領的典型風格，表現得淋漓盡致。

柔中寓剛，綿裏藏針，更可由圖姿中之端莊瀟灑，顯示出功力之渾厚，造詣之深奧，實為難得之珍貴遺照。原意欲將以上遺照複製附入，以供太極拳愛好者奉為楷模，遺憾的是，底版年久退化，模糊不清，不能複印，深感惋惜，為彌補用法這項不可缺少的主要內容，由我模仿原照攝製，但因個人拳術水準有限，很難做到神似，只能在形似上做到近似，供愛好者參考，這也只能起到拋磚引玉的作用。

《太極拳用法及變化》一書中，對每勢之用法，都舉例附圖進行了說明。

　　唯其中有部分拳勢，如攬雀尾中之掤、攦、擠、按，只舉了按以示意說明，而掤、攦、擠這幾勢，並未全部附圖說明，這樣就使學者不能瞭解整個拳勢之用法全貌而感到遺憾。

　　為了使學者有個全面概念，現將有關的單鞭、搬攔捶、如封似閉等拳式也分別予以附圖說明，其他拳勢基本上按原圖模仿達意，就不再重述了。

　　由於用法均係假設，所以，只能供練者在演練過程中思想有寄託，從而引起其鍛鍊興趣，不致練到一定程度以後，出現神不守舍的現象。當然，對要求提高拳技者來說，是可以作為借鑒的，但也不能機械地死搬硬套。

　　所謂練太極拳是練的太極十三勢（掤、攦、擠、按、採、挒、肘、靠、前進、後退、左顧、右盼、中定），也就是手、眼、身、步法的配合。由於對方變化多端，所以要注意得機得勢，隨機應變，變背為順，根據實際情況，具體應用，運用之妙在於個人了。因此，附圖說明中，也只是達意，不作更多的講述。

　　為使太極拳每式在用法上能夠體現得比較真實，故採用兩人對壘的方式，除以圖示意，並以文

字稍加說明。

因係假設，只能就個人主觀見解，按照拳譜次序，逐式舉例並以圖示意，這樣在具體動作上與運用方法上，必然有一定的局限，不能發揮太極十三勢在具體運用當中的靈活性。

因為式與式之間，彼此之間，其變化莫測，再者，用法與速度又有一定聯繫。況且因變化多端，形態各異，又不得與每一拳式之定式形狀脫離太遠，同時為了避免給初學者造成無所適從的處境，這樣也只能以式論式，不作過多的設想變化以及應變的方法。

「用法」共設示意圖77張，係按照太極拳套路次序逐勢進行舉例示意說明的。重複動作只出現一次，有部分拳勢分左右式者，一般只就一面示意說明，有較複雜之動作，則以兩面示意說明。

攬雀尾中包含的「掤、攬、擠、按四法，在太極拳中，是其手法變化之主要根源，有著極其重要的作用，故在打手歌中，特別強調了「掤、攬、擠、按須認真」的要求，因此，對攬雀尾中之掤、攬、擠、按，在舉例說明上，都比較詳細些。

另外還附有攬、擠、按之發勁動作，供學者參

考，並希望認真體察，以便為爾後學習推手奠定基礎。

儘量避免在文字上的繁瑣，力求簡短達意，如有在運用當中之過渡動作，未提及或者不詳者，可參照練法之過渡動作。

至於有些動作與拳照定式之動作不完全一致，如左摟膝拗步定勢之左手，置自己之左膝旁，五指朝前，而用法中之示意圖，左手是握對方之右手腕。

這從兩圖之表面現象上看，似不一樣，而在用法上兩者實質上是相同的，這就是說，當我之左臂隨體左轉由上而下，在剎那間，以採的手法接觸對方，而接觸之部位是與對方動作之高低、快慢有關。接觸點究竟在哪個部位，大臂、肘、小臂、腕、手這都有可能。

但我之目的是將對方擊我之手避開，變背為順，使對方為我所制。至於手之高低，形狀如何，均不應受此局限，要辯證地理解，萬不可機械地去理解。

在圖中表演各種用法者係作者與長孫楊軍（圖
1）。

圖1

楊氏太極拳用法圖解

攬雀尾之用法

攬雀尾共分左掤（單手掤）、右掤（雙手掤）、攦、擠、按。總稱攬雀尾。

左　掤

設對方以右掌或拳向我擊來，我即將左臂提起，用掤勁（粘勁）將對方之臂架起，使其不得接近我胸，如果以腰帶臂，使臂、手齊向外翻，變掌心向外，即可將對方之臂握住，利用採勁將其力引化至一側，使其落空，失去重心，必為我制（圖2）。

右掤（雙手掤）

設對方以左掌向我擊來，我急上右腿，以右臂置對方左臂近肘處，並以左手掌心側向外，按住對方腕部，握住對方手腕，再以右臂向上掤起，而左

圖2

圖3

手在下用採的手法向下採，再加以按勁，此時就會
使對方兩臂之間的肘部處於上提、下壓被撅之勢，
輕則被動雙腳離地，重則定被撅斷臂（圖3）。

攦

由前式，對方感覺我有攦意之前，很快墜肘欲走，我即由左向右轉身，速將我之右臂向內翻轉，搭在對方之肘臂背部上方，由右向左向下壓，握住對方手腕之左手向上提，這樣一壓一提，使對方之肘關節處於向下被攦之勢，這自然會使對方失去重心，難以自制（圖4）。

圖4

擠

由前式，當對方察覺我有下攦之意，即往回抽其左臂，我將順勢速將右臂向裏翻，掌心向內，並

以左手搭在右手腕臂之間，掌心向外（圖5），乘
其抽臂之際，向前擠出，彼自當跌出（圖6為擠之
發勁動作）。

圖5

圖6

按

設對方在我未擠出之前又有準備，繼以墜肘擺脫，我即以左手掌心向外搭在對方手背近腕處，右手同時也以掌心向外搭在對方肘部，控制其腕、肘兩關節（圖7），向前推去（圖8為按之發勁動作）。

圖7

圖8

單　鞭

　　設有人在我身後或一側向我擊來，我即以腰帶臂迅速轉體，同時使右掌變吊手，當轉至對方胸前，以腕擊其胸部（圖9），如果對方察覺得快，以含胸避之，我可視其低頭之際速將右手上提擊其下頦（圖10）。

　　設另一側又有人向我背部擊來，我即轉身以左掌出擊（圖11）。

圖9

圖10

圖11

提手上勢

設對方以左掌向我右側擊來，我即由左向右轉體，帶動左腳向裏扣，面向對方，坐實左腿；並將右腳提起向前伸出，速以我之右臂置對方左肘上方，左手接其腕部，同時將兩手相互往裏提合，用合勁擻其肘部，在其兩手一向裏一向外的合擊下，彼即失去自制。此其一（圖12）。

062

圖12

如果對方反應比較快，當察覺自己左臂將被制之前，速以含胸、墜肘意欲走脫，我亦可順勢將右

手腕向內翻轉，變掌心側向上，並以左手搭於肘腕之間，掌心向外，成擠勢，將對方擠出。此其二（圖13、圖14）。

圖13

圖14

白鶴晾翅

設對方以雙手由左側向我擊來，我可速將體轉向左正前，右腳裏扣使重心移向右腿坐實，變左腳為虛步，腳跟略起，前腳掌著地，同時兩手合於胸前，並以右小臂（肘腕之間）接住對方擊來之左臂（或手、或捶）用掤勁向上提起，至頭部右上方展開掌心向外。

左手掌心向下，置右手肘內側，護其胸腹，或接對方右手，向下沉，一上一下，可使對方之力分散，不得力，我即可以順制其背（圖15）。

圖15

左摟膝拗步

設對方以左弓步用右拳向我左胸、腹及下部擊
來。我即含胸將身下沉，將姿勢變低，當右腿坐實，
即將左腿伸出，而左手急向上掤起，經腹部至胸
前，逐漸變掌心側向外，以採手速接對方擊來之右拳
或右掌，我順勢握其腕或小臂粘住對方，一方面避其
堅，另一方面分散其力，將對方之右拳或掌引向我之
左側，與此同時右手轉正用掌向對方胸部擊去。

這時的弓腿以及兩臂的動作都一致隨腰之轉動而
進行，這不但使動作協調，速度快，而且力量完整，
使對方失其自制，必為我所制（圖16、圖17）。

圖16

圖17

　　以上為左摟膝拗步之用法。唯左摟膝在接續處有由白鶴晾翅下接的，有由手揮琵琶接的，還有連續右摟膝轉身蹬腿的，雖各式接續處有所不同，但具體應用原則基本上是一樣的。

手揮琵琶

　　設對方以右掌或右拳擊我胸前，我急以右手在對方右腕下轉上反握其腕，左手急起托住對方之肘部，兩手同時用力，將對方之肘膊托直，在左手向上收合，右手向右側下方採捋的形勢下，以左捌右採的手法，迫使對方失其自制（圖18、圖19）。

圖18

圖19

搬攔捶

設有人用右手擊來，我即以右手逐漸握拳以腰帶臂由右向左以俯腕握捶將對方右手之力化於左側，或由左向右轉身以腰帶臂以翻腕握捶將對方之左手之力化於右側，此謂之搬。

左手以掌攔擊對方之右手，謂之攔。當對方空出前胸，我即以右捶隨腰腿一致向對方打擊，此謂之捶。

以上為搬攔捶之用法。請看以下三圖之示意（圖20～圖22）。

圖20

圖21

圖22

如封似閉

設對方以右手握我右拳，我即仰左手穿過右肘下，以左手沿肘護臂向對方左手腕擊去（圖23）。

如對方欲換手按來，我即將右拳伸開，向懷內抽回，兩手斜交，如一斜交十字封條形，使對方不得進。此謂之封（圖24）。

速以我之右手搭在對方左肘上，轉身弓腿雙手向前按出，使其不得走化與分開，此謂之閉（圖25）。

圖23

圖24

圖25

十字手

設對方向我右側擊來，我急以大開展之勢，使兩臂向左右兩側分開，又從下方相合。身隨腰腿轉動，先向右開，後向左合，兩臂之一開一合，均以掤勁掤在對方兩手腕內側，分其力，使其不得進。如我兩臂均向外翻轉，兩手正好搭在對方兩小臂之上，此時，彼已失去自制，或按或擊均可由我主宰（圖26、圖27）。

圖26

圖27

抱虎歸山

　　設對方向我右側身後擊來，在我未辨別其以手還是以腳擊來之前，速轉身使兩臂分開，右臂隨腰轉向右後，臂與手均由裏向外翻轉，逐漸變換手法，由掤變攦變採均可，視對方來勢而靈活運用，但主要是以挒向對方腰部摟去將彼身體挒歪，同時又輔之以掌擊其肩；如果對方拳捶來勢在前，我可順勢摟其臂與腕；如果是腳，也可摟其腳。攔腰抱，正好吻合拳勢名稱。

　　設對方感覺靈敏，動作也快，並未被我抱，僅

為我摟開，復又向我進攻，我即以攦、擠、按之勢
予以應用，故抱虎歸山勢其中包括攦、擠、按（圖
28～圖32）。

圖28

圖29

圖30

圖31

圖32

肘 底 捶

設對方以左拳自我左後向我背側擊來，我急以腰帶動四肢由右向左轉體，用左手逐漸變掌，掌心側向外平行接近對方腕部，然後以橫勁採的手法，隨體之轉動而握住對方之手腕，順對方向前衝之勢再向前帶他，使彼失去重心，我即引其向內環一小弧，緩衝其力，再由下往上帶，反扭對方左臂，使其左臂為我所控，當對方空出左側腋部，我可以右拳擊之（圖33～圖35）。

圖33

圖34

圖35

倒攆猴

　　設我之左手腕為對方緊握，同時對方又以左手托住我之右肘底，我已受其制，在原地很難施展動作，此時，需退步引對方深入，我以沉勁鬆其腰胯，翻左掌向上向左後撤臂退步，與此同時，在對方跟進的一剎那之間，我速翻右掌向對方左胸部按擊，在此一退一進之際，如進軍之突然受阻，使其措手不及，必為我痛擊。此勢能從敗中取勝，妙在以退為進之用法。

　　左右倒攆猴之用意相同，身法步法亦同（圖

36、圖37）。

圖36

圖37

斜飛勢

設對方以右拳由我右側向我頭部擊來，我即向右轉體，提右腿向右側斜上一步，順勢以左手握住對方右手腕，用開勁大幅度地以右臂斜擊對方頸部或右腋下。如對方又以左拳擊來，我可在對方向右轉體之際，速屈肘以進擊，或以背靠出均可（圖38）。

圖38

海底針

設對方以右手握我右腕，我即屈右肘坐右腿，向右轉體將右手向右側提回。

　　設對方欲乘機襲我，我即折腰下沉，將右手腕
順勢鬆動走脫。

　　該勢為一提勁，一沉勁，兩者雖非直接出擊之
勢，但對方在意想不到的情況下，突然出現，會使
彼根力自斷，我可乘機進攻。（圖39）。

圖39

扇 通 臂

　　設對方以右手由下向我擊來，我即順勢將右臂
向外翻轉，變掌心向外，握其右腕，將彼之右臂由
下往上向前提起，提至我右額角旁。同時將我之左

手提至胸前，以手掌用直勁向對方脅部擊去（圖
40、圖41）。

圖40

圖41

轉身撇身捶

設對方在我身後，向我脊背脅下以拳擊來，我即由左向右轉體，使左腳裏扣坐實，變右足為虛步，右手逐漸握拳，用腰使腿與背在轉體的同時，用橫勁擊、壓對方左手腕或面部。如對方躲閃得比較快，我右拳未能擊中，即可變採手，掌心側向下，順勢握住對方左手腕，與此同時，以左掌向對方胸部擊去即可（圖42、圖43）。

圖42

圖43

雲　手

設對方在我前方或偏向一側，以右拳向我胸部或脅部擊來，我速將右臂提起，掌心由內以掤勁逐漸向外翻轉，接近對方小臂及腕部，握其小臂及腕，使其隨同身體由右向左轉動，將對方之力化於一側，使彼不得力，反受我之支使，尤其彼空出胸部，我可以左掌擊之。如彼以左拳擊我，我以同樣手法制之，仍可以我之右掌擊其肩部及脅下。

以上所談均係向左轉體，以左臂化右臂擊的手法進行的，如果以右臂迎接對方，就應向右轉體。

這一勢之妙用，全在腰胯的轉動以牽動對方重心，
拔其根力，為我所制（圖44～圖47）。

圖44

圖45

圖46

圖47

高 探 馬

　　設我左手掌伸出為對方左手所握。我速以左手由對方腕下轉上，反握對方左手腕，往我懷中左側採回，重心右移坐實，收回左腳，當對方由我引深，使其向前傾之際，此時，我速屈右臂以橫掌由後往前，以掌緣向對方面部或頸部擊去。如彼又以左拳擊來，當對方舉拳未到之前，我右臂下按，左臂上提用合勁摵之，彼必受制，而右拳雖已伸至我近前，但已無能為力了（圖48）。

圖48

右分腳

設對方用左手，接我伸出之右腕，我即以右手，掌心向外，搭於彼之左肘，而左手握住對方左腕，用採勁將對方左臂向左側擺。與此同時邁出左腿成弓步，設對方欲順勢提起左腿向右轉體走脫時，我隨將右腿提起，用腳面平直向對方左脅踢去。兩臂亦向左右兩側分開，分彼之臂並握其小臂與腕，便為我制。

左分腳與右分腳一樣，唯左右相反（圖49～圖52）。

圖49

圖50

圖51

圖52

轉身左蹬腳

設對方在我左背一側或右背一側，以右拳或以左拳擊來，我即由右向左轉體，將身轉向正前，左腿提起（腳尖向下），右腿站穩，急以左手接住對方左腕，用左腿跟向對方腹部蹬去（腳尖朝上）。兩臂在轉體時，先由外向內合，當左腳蹬出時，兩掌同時向左右分，兩臂相合掤勁內含，開時當視對方之勢，相應地用採、托、按、挒等手法均可（圖53）。

圖53

進步栽捶

設對方以右腳或左腳橫踢我膝部,我急由右向左轉身以左手摟開對方左、右腿,如不得勢,即以右捶擊其腿部。

動作需協調,在轉身的一剎那,以腰部帶動上下肢,連腿帶臂同時出擊,使對方措手不及(圖54)。

圖54

打 虎 勢

設對方以右拳向我背後擊來，我急轉身，由左向右，帶動腿臂，以採的手法順勢接住對方右手腕部，向下採，而左手握拳上舉擊對方頭部，同時弓出右腿以助勁的完整（圖55）。

如果對方是以左拳擊我頭部，我即用以上的動作，由右向左轉身，以我之左手平接對方左手腕部，向上提起，而以右手握拳擊其左脅部，同時也將左腿弓出（圖56）。

圖55

圖56

圖57與圖58，其用法動作與以上圖55與圖56一樣，只是左右之分，擊頭與擊脅部之分，臂之採與提之分。

圖57

圖58

雙峰貫耳

設對方用雙
捶由右側向我頭
部擊來，我即向
右轉身，帶動右
腳轉向右側，面
向對方，速用兩
掌背由上向下將

圖59

對方兩腕分開壓
住。隨握兩拳由下往上向對方雙耳處以兩虎口相對
擊去，這時兩腿隨腰，同時弓出右腿成弓步，並以
兩臂掤住對方兩肘內側，使其不得進（圖59）。

野馬分鬃

設對方以右弓步用右拳向我右側背後擊來，我
速向右後轉身，用右手粘住對方右腕，如果對方用
勁，我即順勢用左手握住對方右手腕，同時上右腳
成弓步，以右小臂向對方右腋下用掤勁出擊，其中
內含撅意。

設對方仍以上同樣位置，採用同樣擊法，我

可用右手握其手腕，上左腿，以左小臂向對方右腋
下用掤勁擊之。

　　如對方以左拳向我擊來，我可按以上運作對稱
應用（圖60）。

圖60

玉女穿梭

　　設對方自我左側以左腳在前用左拳自上擊下，
我急向左轉身，先用左手接住對方左手腕，左手在
對方左肘下，向上掤起，置對方肘腕之間，同時左

腳上前一步成左弓步，並使右手變掌，向對方胸部
或左脅部擊去（圖61）。

圖61

　　設對方在我身後右側也以右腳在前，用右拳劈
頭打來，我急由左向右稍轉，以右小臂將對方之右
臂掤起粘住。同時上右腳，屈膝弓出，左掌即向對
方右脅部或胸部擊去（圖62）。

　　玉女穿梭共四個，分四斜角。一、二兩個動
作，也就是一左一右，已在上面予以說明。以下之
三與四動作，也是分左與右，可按一、二兩動作用
法應用，其他相同。

圖62

下　勢

　　設對方以右手握我之左手，我以放低姿勢，把左手收至胸前，引深牽制對方，使之身體前傾，失去重心（圖63）。

　　設對方順勢以拳擊我左胸，我可翻手搭住對方右手腕，往我左側下採之亦可。

金雞獨立

　　設在下勢過程中，對方中途回撤，在此形勢下，我順勢將身向前，緊跟對方一起向上站。我之

圖63

左手先將對方之右腕提起，右手也向前往下緊跟
（圖64）。

圖64

當我右手也接觸到對方左手腕時，即以右手握
其左手腕向下沉，同時用膝直頂對方腹部或以腳踢
其下身，彼必為我制（圖65、圖66）。

圖65

圖66

金雞獨立分左右兩式，但其用法一樣。

白蛇吐信

該用法與轉身撇身捶一樣，唯撇身捶以拳，而白蛇吐信是用掌。可參照轉身撇身捶之動作要領應用（參照圖42）。

高探馬穿掌

設對方以右拳向我左側擊來。我速提起右手至對方右拳內側，翻手搭其腕，含胸，向我懷內採，同時以左掌直向對方面部或喉部衝擊，彼在此一伏一仰之際已失去自制（圖67）。

101

圖67

十字腿

前圖53之左蹬腳與十字腿之用法一樣，唯一左一右之分，一左轉身一右轉身之分，可參照應用（參照圖53）。

進步指襠捶

設對方以右腳在前用右拳向我胸部擊來，我急用左手接住對方右手腕部，隨即向左轉體，向左摟，將左腳向前踏出，同時以右手握拳向對方小腹或襠部擊去（圖68）。

圖68

上步七星

設對方用左手自上劈下，我速起身，向左前進，兩手變拳，交叉作十字形，拳心側向下，掤住對方左肘，同時亦可以雙捶直接擊對方胸部（圖69）。

圖69

退步跨虎

設對方以左腳在前用雙手按來，我速退右腳，變左腳為虛步，重心寄於右腿。同時用兩手腕向上

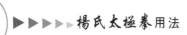
下分開，右手握對方左腕向上掤住，左手握對方右手腕向左下側採。這樣，以牽動對方重心，使其不得進，成一跨虎之勢（圖70）。

圖70

轉身擺蓮

設我前後受敵，情況緊急。我即使右腳在原地，向右後方懸起左腳，隨身轉動，先以兩手及左腿用旋風勢，向對方下部掃去。再用兩手向右攔，用右腳橫踢對方腰部（圖71、圖72）。

圖71

圖72

彎弓射虎

　　設對方以兩手擊我未遂，欲後撤，我即坐腿上步，用左手搭對方肘部，右手握對方腕部，向我右側用提勁粘住，拔其根力。再由右向左以沉勁隨之轉動弓出右腿，用合勁以雙手握拳，右拳擊對方頭部，左拳擊對方胸部（圖73）。

圖73

結 束 語

套路已經完全介紹完了。至於在練拳過程中，是否還應該注意些什麼？我想還會有許多，以下再補充幾點：

1. 動作緩慢柔和，勢勢均勻，是楊氏太極拳很大的一個特點。

它為武術、健身、療病三者的結合創造了條件，適應面極廣，因之，一定要在全身放鬆的基礎上，做到動作緩慢柔和，勢勢均勻，還要做到勢勢有「定勢」（規範勢）。「定勢」是在似停非停中體現。相連不斷，一氣呵成，也得做到。

2. 有關「放鬆」已經談了許多，再結合什麼是「柔」、「軟」、「力」、「勁」分別談談，以便識別，有助於練拳。

在武術中，常以「剛」比喻為「勁」。那麼，「拙力」就可比喻為「鐵」，因為「剛」的來源是鐵，而「勁」的來源自然也就是「拙力」了。拙力

是自然力，也是人體本能的產物。說來也是巧合，現今勁的寫法，正是力的加工，這個字的設計者是不是有這個意思，我不清楚，不過，借用這個字，很能說明兩者之間的關係，我就不多說了。

加工，是生產過程，生鐵需要採取高溫熔解的方法，而拙力是採取放鬆的方法，摧去拙力中之僵硬，二者都是方法。

經過加工，使二者在形態上會出現一種與其本身似相矛盾的形狀，如鐵水與飲用水相似，但又與飲用水有本質的不同，因為鐵水和摧去僵硬的拙力，均帶有韌性，而飲用水是軟的，它不具備有韌性的條件，因此，稱摧去了僵硬的「拙力」為「柔」不為軟，因為柔是帶有韌性的，也就是其中含有勁的因素。

這樣正中楊公澄甫先師所說「太極拳乃柔中寓剛，綿裏藏針之藝術也」。如果其中沒有勁的因素存在，這就是軟。軟不能稱之為柔的。

鐵經過千錘百煉，可以起質的變化，轉為鋼。鋼，內堅，外形光澤度強。而鐵，不只是韌性差，而且外形粗糙。拙力，經過日積月累、年復一年的堅苦訓練，也能起質的變化，轉為勁。勁的表現，

柔韌性強，能夠體現出整體的協調。而拙力的表現，動作僵硬，反映在局部而不是全身。二者也有極大的區別。

　　放鬆與訓練，都應該是有意識的，正如前輩所言，「有意放鬆，無意成剛」，只要真正做到了放鬆，它就可以溝通人體與基本要領的結合，自會產生物質條件，勁也就會應運而生，如果為勁而勁，反而為勁所限。所謂「用意而不用力」，主要是指不用拙力，是要用勁的。

3. 有關氣沉丹田。氣宜直養而無害。

　　在練拳時，以自然呼吸來保持腹部之平穩，做到心平氣和，不要有意識的使腹部一起一伏。至於氣與動作的配合，也應該是自然配合。初學者由於精神緊張，可能出現提氣的現象，這樣會形成上重下輕、立身不穩，還會感到憋氣，非常不舒服，這是需要注意的。另外還可能出現呼吸短促的現象。只要不感到憋氣，經過一段時間鍛鍊以後，能夠適應了，呼吸就會由短促變為深長，並且有力，還會有節奏。

　　以上所談的氣與動作之自然配合，就是按照推呼收吸沉呼提吸的原則進行的，能夠配合到什麼程

度算什麼程度，不要勉強，以免顧此失彼，影響整體動作。至於氣，是看不見摸不著的，但從人們生活實際感受上是覺著有氣的存在。所謂「先天之氣」，是指固有的氣，應沉在丹田，指臍下三指處，而後天之氣，是指呼吸說的，因為氣功是門科學，這裏不做學術研究，所以，只要在練拳中不違背生活規律，能夠順乎自然，就可以了。

4. 關於練拳時是否用力的問題。

楊公澄甫先父曾講過：「太極拳乃柔中寓剛，綿裏藏針之藝術也。」這裏所說的剛和針都是指勁講的，特別是「運勁如抽絲」這句話，充分說明了練習太極拳是要用勁的。有關「力」與「勁」在本書中已經介紹過。另外在練法上所講的「由鬆入柔、積柔成剛，剛柔相濟」中的剛，也是指勁講的。但千萬不能用僵力，也就是拙力。

有關「柔」與「軟」也請參看本書的例子去默識揣摩，以免走向另一極端。

附 錄 一

太極拳論

　　一舉動周身俱要輕靈。尤須貫串。氣宜鼓蕩。神以內斂。無使有缺陷處。無使有凸凹處。無使有斷續處。其根在腳。發於腿。主宰於腰。形於手指。由腳而腿而腰。總須完整一氣。向前退後。乃能得機得勢。有不得機得勢處。身便散亂。其病必於腰腿求之。上下前後左右皆然。凡此皆是意。不在外面。有上即有下。有前則有後。有左則有右。如意要向上。即寓下意。若將物掀起而加以挫之之力。斯其根自斷。乃壞之速而無疑。虛實宜分清楚。一處有一處虛實。處處總此一虛實。周身節節貫串無令絲毫間斷耳。

　　長拳者。如長江大海。滔滔不絕也。掤攦擠按採挒肘靠。此八卦也。進步退步左顧右盼中定。此五行也。掤攦擠按。即乾坤坎離四正方也。採挒肘

靠。即巽震兌艮。四斜角也。進退顧盼定。即金木
水火土也。合之則為十三勢也。

原註云。此係武當山張山豐祖師遺論。欲天下
豪傑延年益壽。不徒作技藝之末也。

明　王宗岳太極拳論

太極者無極而生。陰陽之母也。動之則分。靜
之則合。無過不及。隨曲就伸。人剛我柔謂之走。
人背我順謂之黏。動急則急應。動緩則緩隨。雖變
化萬端。而理為一貫。由著熟而漸悟懂勁。由懂勁
而階及神明。然非功力之久。不與豁然貫通焉。虛
領頂勁。氣沉丹田。不偏不倚。忽隱忽現。左重則
右虛。右重則左杳。仰之則彌高。俯之則彌深。進
之則愈長。退之則愈促。一羽不能加。蠅蟲不能
落。人不知我。我獨知人。英雄所向無敵。蓋皆由
此而及也。斯技旁門甚多。雖勢有區別。概不外乎
壯欺弱。慢讓快耳。有力打無力。手慢讓手快。是
皆先天自然之能。非關學力而有為也。察四兩撥千
斤之句。顯非力勝。難耄耋能禦眾之形。快何能
為。立如秤準。活似車輪。偏沉則隨。雙重則滯。
每見數年純功。不能運化者。率自為人制。雙重之

病未悟耳。欲避此病。須知陰陽相濟。方為懂勁。懂勁後，愈練愈精。默識揣摩。漸至從心所欲。本是捨己從人，多誤捨近求遠。所謂差之毫釐，謬以千里。學者不可不詳辨焉。是為論。

十三勢行功心解

以心行氣。務令沉著。乃能收斂入骨。以氣運身。務令順遂。乃能便利從心。精神能提得起。則無遲重之虞。所謂頂頭懸也。意氣須換得靈。乃有圓活之趣。所謂變轉虛實也。發勁須沉著鬆淨。專主一方。立身須中正安舒。支撐八面。行氣如九曲珠。無往不利（氣遍身軀之謂）。運勁如百煉鋼。無堅不摧。形如搏兔之鵠。神如捕鼠之貓。靜如山岳。動如江河。蓄勁如開弓。發勁如放箭。曲中求直。蓄而後發。力由脊發。步隨身換。收即是放。斷而復連。往復須有折疊。進退須有轉換。極柔軟。然後極堅剛。能呼吸。然後能靈活。氣宜直養而無害。勁以曲蓄而有餘。心為令。氣為旗。腰為纛。先求開展。後求緊湊。乃可臻於縝密矣。

又曰。彼不動。己不動。彼微動。己先動。勁似鬆非鬆。將展未展。勁斷意不斷。又曰。先在心。後

在身。腹鬆氣沉入骨。神舒體靜。刻刻在心。切記一動無有不動。一靜無有不靜。牽動往來氣貼背。而斂入脊骨。內固精神。外示安逸。邁步如貓行。運勁如抽絲。全身意在精神。不在氣。在氣則滯。有氣者無力。無氣者純剛。氣若車輪。腰如車軸。

十三勢歌

十三勢來莫輕視。命意源頭在腰際。變轉虛實須留意。氣遍身軀不少滯。靜中觸動動猶靜。因敵變化示神奇。勢勢存心揆用意。得來不覺費功夫。刻刻留心在腰間。腹內鬆淨氣騰然。尾閭中正神貫頂。滿身輕利頂頭懸。仔細留心向推求。屈伸開合聽自由。入門引路須口授。功夫無息法自修。若言體用何為準。意氣君來骨肉臣。想推用意終何在。益壽延年不老春。歌兮歌兮百四十。字字真切意無遺。若不向此推求去。枉費功夫貽歎息。

打手歌

掤攦擠按需認真。上下相隨人難進。任他巨力來打吾。牽動四兩撥千斤。引進落空合即出。粘連黏隨不丟頂。

附　錄　二

太極拳體用解

（一）原　理

甲、主　旨

「以心行氣──意到氣亦到……」「務令沉著，久則內勁增長，但非格外運氣」

以心行氣，以氣運身，自能從心所欲，毫無阻滯，俟後天之力化盡，先天之內勁自然增長，由習慣而成自然。

「以氣運身──氣動身亦動……」「氣要順遂，則身能便利從心……」

意想力自能支配生理作用，故曰「勢勢存心揆用意，得來全不費功夫」又云「默識揣摩漸至從心所欲」。

「心神宜內斂」

不論在盤架子或推手時，心神必須專一，萬不可心神散亂，否則氣必散漫，益處毫無，蓋因太極拳之要點全在一靜字，故曰「內固精神外示安逸」。

「行氣宜鼓蕩」

此有不許硬壓丹田之意，氣之行走或沉丹田，或貼脊背，均當徐徐行之。

「氣宜直養而無害」

養先天之氣，養氣則順乎自然，故無有窮盡，非運後天之氣，運氣則流弊甚大，是有窮盡。

「周身宜輕靈」

「輕」一切動作固宜純以心意為主，如舉手雖微微一動，便作一舉，如無意識續示，即不再進，方謂之眞輕……

初學練架子宜慢，方能時時皆有意識導動作以俱進，且慢，則呼吸深長。

「靈」如手由低處舉高，處處作無數一舉想，而時時有隨意變化之妙，方謂之眞靈……

氣沉丹田方不致有氣脹僨張之弊。

「心為令」

如由主帥發令……

心為主帥，身為軀使，使精神能提得起，自然舉動輕靈，如手足開時心意與之俱開，合時心意與之俱合，內外一氣，渾然無間，則其動猶靜也（即能到虛靜境界）。

「氣為旗」

如表示其令之旗，又氣如車輪。腰為一身樞紐，腰動則先天之氣如車輪旋轉，氣遍全身而不稍滯，蓋無處不隨腰運動圓轉。

「腰為纛」

如使大旗中正不偏，又腰如軸。

動作之與呼吸——動作時，當呼者呼，當吸者吸，呼時先天氣下沉，吸時先天氣上升，故曰，「能呼吸然後能靈活」。

眼神注視——意之所至眼神灌之，不然，意東視西有何效用，故曰「仰之則愈高，俯之則愈深」。

乙、姿　勢

總

根於腳，發於腿，主宰於腰，形於手指。

由腳而腿而腰而手，宜上下相隨，完整一氣，

其貫串一氣，處處所為，運勁如抽絲，邁步如貓行，「進退自然得機得勢，但用意不用力，始終綿綿不斷，週而復始，循環無窮，如長江大河，滔滔不絕，故太極拳亦稱長拳，若有一處不貫串則斷，斷則當舊力已盡，新力未生之際，最易為人所乘，故曰「無使有凹凸處，無使有斷續處」，有一不動則必致散亂，如手動，而腰腿不動，則手愈有力，身愈散亂，蓋虛實變化，皆由腰轉動，故曰「命意源頭在腰際」，初學者宜先求開展，使腰腿皆動，無微不至，然皆是意所謂。「內外相合上下相隨」，又曰「一動無有不動，一靜無有不靜」，如是則由肢體任何部分，皆無偏重之虞。

別

1. 手　法

「分虛實」

出手能分陰陽虛實，則收發均可奏效，人既不易制己，而己反易使人落空，故曰「人不知我我獨知人」又曰「陰陽相濟方謂懂勁」。

「含折疊」

即往復所變之虛實，外看雖似未動，其中已有折疊。

「具圓形」

手隨腰腿旋轉，須式式含有圓形，不離太極原則。

2. 步　法

「分虛實」

虛步，以能隨意起落為度。

如全身皆坐在右腿，則右腿為實，左腿為虛，坐左亦然。如是方能轉換輕靈，毫不費力，否則邁步重滯，自立不穩，又須作川字步，即當兩足前後立時，足尖俱宜在前。

實步，即腿彎曲而不伸直。

「有轉換」

進退必須變換步法，故雖退仍是進。

3. 軀　幹

「含胸」

胸略內含，使氣沉丹田，否則氣擁胸際，上重下輕，腳跟易浮。

「拔背」

使氣貼於背，有蓄機待發之勢。

「坐腕」

使內勁隱沉，不致浮飄。

「伸指」

使內勁發出，舒暢，不致滯留。

4. 中　樞

「虛領頂勁」

頭容正直，神貫於頂謂之。頂勁須有虛領自然之意，不可用力，一名「頂頭懸」，謂頭頂如懸空中，同時宜閉口，舌抵上齶，忌咬牙怒目。

「尾閭中正」

尾閭宜中正，否則脊柱先受影響，精神亦難於上達。

5. 立　身

「中正」

由於中樞姿勢之正確……

「安舒」

由於周身鬆淨（詳後）……　——→ 穩如泰山

「圓滿」

由於精神飽滿，內勁充足……

丙、鬆　淨

1. 兩臂鬆

「沉肩」

使兩肩鬆開下垂以為沉氣之助，否則兩肩端
起，氣亦隨上，全身皆不得力……

「垂肘」

使兩肘有往下鬆垂之意，否則肩不能沉，近於
外家拳之斷勁，手指亦宜舒展，握拳須鬆庶符全身
悉任自然之旨，又手掌表示前推時，手心微有突
意，為引伸內勁之助，但勿用力……

2. 腰　鬆

腰鬆則氣自會沉，能使兩足有力，下盤穩固，
上下肢之虛實變化，有不得力處，全恃腰部轉動得
宜，以資補救，且感覺靈敏，轉動便利，蹲身時臀
忌外突……

3. 胯　鬆

補鬆腰之不足，有時腰雖鬆淨，轉動仍覺甚不
合宜，則非同時復鬆胯以資補救不可……

4. 全身鬆

全身鬆開，方能沉著，因是不致有分毫拙力留
滯以自束縛，自能輕靈變化，圓轉自如……

周身無處不鬆淨，即在用意而不用力，意之所
至，氣即至焉，如是則氣血流注全身，毫無停滯，
所謂「意氣須換得靈乃有圓活之趣」，且欲沉著，

必須鬆淨,故曰「沉重不浮,靜如山岳,周流不息,動若山河」。

(二)應 用

甲、化 勁

太極拳全尚外柔內堅之勁,具伸縮性,如鐵似綿,有時堅如鐵,有時柔如綿,其柔虛堅實之分全視來勢而定,彼實則我虛,彼虛則我實,實者忽虛,虛者忽實,反覆無端,彼不知我,我能知彼,使人莫測高深,自然散亂,則我發勁無不勝者,欲探其妙,須明瞭化勁之法,曰「黏」,曰「走」,走以化敵,黏以化敵,兩者交相為用焉。

1. 黏 勁

黏勁即「不丟」不丟者不離之謂,交手時須黏住彼勁,即在粘黏連隨處應付之,不但兩手而全身各處均能黏住彼勁,我之緩急,但隨彼之緩急而為緩急,自然黏連不斷感覺彼勁而收我順人背之效所謂「動急則急應,動緩則緩應」惟必須兩臂鬆淨,不使有絲毫拙力,方能巧合相隨,否則,一遇彼勁,便無復活之望,且有力喜自作主張,難以處處

捨己從人初學者戒心急，久之，用勁自有似鬆非
鬆，將展未展之意，便能隨意應付，百無一失。

2. 走 勁

走勁即「不頂」，不頂者不抵抗之謂，與彼黏
手時，不論左右手，一覺有重意與彼黏處，即變為
虛，鬆一處而偏沉之，稍覺雙重，即速偏沉，蓋彼
之動作必有一方向，吾但隨其方向而去，不稍抵
抗，使彼處處落空，毫不得力，所謂「左重則左
虛，右重則右杳」也，初學者非大勁不走是尚有抵
抗之意，如相持不下，則力大者勝，故曰「偏沉則
隨，雙重則滯」，技之精者，感覺異常靈敏，稍觸
即知，「有一羽不能加，一蠅不能落」之妙，練不
頂法，首在用腰，腰有不足時方可濟之以胯或以
步。

3. 化 勁

「黏勁」與「走勁」合而用之則曰「化勁」，
走主退，黏主進，進退相濟不離，方為「入門進言
之，由黏而聽，由聽而懂，由懂而走，由走而化，
蓋用走勁能使彼重心傾斜不穩，用黏勁能使彼不穩
而復歸於穩，因不丟不頂，彼之重心穩定與否，皆
由我主之，彼之弱點我皆能知之，終須以靜待動，

即彼之動而動，所謂「彼不動己不動，彼微動己先動」，若用純鋼之勁則逆而不順，不順則無由走，不走則無由化。

乙、發　勁

1. 引　勁

由化勁用逆來順受之法引入殼中，然後從而制之，彼屈則我伸，彼伸則我屈，虛實應付毫釐不爽，忽隱忽現變化不測，以勁之動俱作圓形一圈之中，即含有無數走黏，隨機應變純恃感覺，其要不外一「順」字，我順彼背，則彼雖有千斤之力，亦無所用，故有「四兩撥千斤」之句，能引後能拿能發，故「引進落空合即出」。

2. 拿　勁

引後能拿則人身無主裁氣難行走，拿人須拿活關節，如腕、肘、肩等處，拿人樞紐全在腰腿拿之，主使全在意氣，欲能發人必先知拿人，不能拿人，即不能發，故拿較發為重要，能引、能拿隨後能發，發之不佳，多由引之不合或拿之不準，故引拿與發有莫大關係，而發之機勢、方向、時間亦頗重要，若機勢確當，方向不誤，時間適合則發人猶

如彈丸脫手，無往不利，其法掤攦擠按採挒肘靠等
式式能發人，其用掌拳肘含腕肩胯腰膝腳，處處能
擊人，其勁開合提沉長截捲鑽冷斷寸分各勁咸能攻
人，總之隨曲就伸逆來順應乘人之勢，借人之力，
變化無窮，其理則一，得一則萬事畢。

附 錄 三

太極拳老譜三十二解　楊澄甫　傳

目　錄

八門五步

掤南捋西擠東按北採西北挒東南肘東北靠西南方位

坎離兌震巽乾坤艮八門

方位八門，乃為陰陽顛倒之理。週而復始，隨其所行也。總之四正四隅，不可不知矣。夫掤捋擠按是四正之手，採挒肘靠是四隅之手。合隅正之手，得門位之卦。以身分步，五行在意，支撐八面。五行進步火，退步水，左顧木，右盼金，定之方中土也。夫進退為水火之步，顧盼為金木之步。以中土為樞機為軸，懷藏八卦，腳趾五行，手步八五，其數十三，出於自然十三勢也。名之曰：八門五步。

八門五步用功法

八卦五行，是人生成固有之良。必先明知覺，運動四字之本由，知覺運動得之後，而後方能懂勁，由懂勁後，自能接及神明，然用功之初，要知知覺運動，雖固有之良，亦甚難得於我也。

固有分明法

蓋人降生之初，目能視，耳能聽，鼻能聞，口能食，顏色聲音香臭五味。皆天然知覺，固有之良，其手舞足蹈，於四肢之能，皆天然運動之良，思及此是人熟無因，人性近習遠，失迷固有，要想還我固有，非乃武無以尋運動之根由，非乃文無以得知覺之本原，是乃運動而知覺也，夫運而知，動而覺，不運不覺，不動不知，運極則為動，覺盛則為知，動知者易，運覺者難，先求自己知覺運動得之於身，自能知人，要先求知人，恐失於自己，不可不知此理也，夫而後懂勁然也。

粘黏連隨

粘者提上拔高之謂也　黏者留戀繾綣之謂也
連者捨己無離之謂也　隨者彼走此應之謂也
要知人之知覺運動，非明粘黏連隨不可，斯粘黏連隨之功夫亦甚細矣。

頂偏丟抗

頂者出頭之謂也，偏者不及之謂也，丟者離開

之謂也，抗者太過之謂也。

要知於此四字之病，不明粘黏連隨，斷不明知覺運動也，初學對手，不可不知也，更不可不去此病，所難者粘黏連隨，而不許頂偏丟抗，是所不易矣。

對待無病

頂偏丟抗，失於對待也，所以為之病者，既失粘黏連隨，何以獲知覺運動，既不知已，焉能知人，所謂對待者，不以頂偏丟抗相對於人也，要以粘黏連隨等待於人也，能如是，不但無對待之病，知覺運動自然得矣，可以進於懂勁之功矣。

對待用功法守中土（俗名站樁）

定之方中足有根，先明四正進退身。
掤捋擠按自四手，須費功夫得其身，
身形腰頂皆可以，粘黏連隨意氣均，
運動知覺來相應，神是君位骨肉臣，
分明火候七十二，天然乃武並乃文。

身形腰頂

身形腰頂豈可無，缺一何必費功夫，

腰頂窮研生不已，身形順我自伸舒，
捨此真理終何極，十年數載亦糊塗。

太極圈

進圈容易退圈難，不離腰頂後與前，
所難中土不離位，退易進難仔細研，
此為動功非站定，倚身進退並比肩，
能如水磨摧急緩，雲龍風虎象周旋，
要用天盤從此覓，久而久之出天然。

太極進退不已功

掤進捋退自然理，陰陽水火相既濟，
先知四手得來真，採挒肘靠方可許，
四隅從此演出來，十三勢架永無已，
所以因之名長拳，任君開展與收斂，
千萬不可離太極。

太極上下名天地

四手上下分天地，採挒肘靠由有去，
採天靠地相應求，何患上下不既濟，
若使挒肘習遠離，迷了乾坤遺嘆惜，

此說亦明天地盤，進用肘捌歸人字。

太極人盤八字歌

八卦正隅八字歌，十三之數不幾何，

幾何若是無平準，丟了腰頂氣歎哦，

不斷要言只兩字，君臣骨肉細琢磨，

功夫內外均不斷，對待數兒豈錯他。

對待於人出自然，由茲往復於地天，

但求捨己無深病，上下進退永連綿。

太極體用解

理為精氣神之體，精氣神為身之體，身為心之用，勁力為身之用，心身有一定之主宰者，理也，精氣神有一定之主宰者，意誠也，誠者，天道誠之者，人道，俱不外意念須臾之間，要知天人同體之理，自得日月流行之氣，其氣意之流行，精神自隱微乎理矣，夫而後言乃武乃文乃聖乃神則得。若特以武事論之於心，身用之於勁力，仍歸於道之本，也故不得獨以末技云爾。

勁由於筋，力由於骨，如以持物論之，有力能執數百斤，是骨節皮毛之外操也，故有硬力，如以

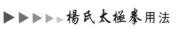
全體之有勁，似不能持幾斤，是精氣之內壯也，雖然若是功成後，猶有妙出於硬力者，修身體育之道有然也。

太極文武解

文者，體也，武者，用也，文功在武用於精氣神也。為之體育，武功得文體於心身也，為之武事，夫文武尤有火候之謂，在放捲得其時，中體育之本也，文武使於對待之際，在蓄發，當其可者，武事之根也，故云武事，文為柔軟體操也，精氣神之筋勁，武事武用，剛硬武事也，心身之骨力也，文無武之予備，為之有體，無用，武無文之侶伴，為之有用無體，如獨木難支，孤掌不響，不惟體育武事之功，事事諸如此理，文者，內理也，武者外數也，有外數無文理，必為血氣之勇，失於本來面目，欺敵必敗，爾有文理，無外數，徒思安靜之學，未知用於採戰，差微，則亡爾，自用於人，文武二字之解，豈可不解哉。

太極懂勁解

自己懂勁接及神明，為之文成而後採戰，身中

之陰，七十有二，無時不然，陽得其陰，水火既濟，乾坤交泰，性命葆真矣，於人懂勁，視聽之際，遇而變化，自得曲誠之妙，形著明於不勞，運動、覺知也，功至此，可為攸往咸宜，無須有心之運用耳。

八五十三勢長拳解

自己用功，一勢一式，用成之後，合之為長，滔滔不斷，週而復始，所以名長拳也，萬不得有一定之架子，恐日久入於滑拳也，又恐入於硬拳也，決不可失其綿軟，周身往復精神意氣之本，用久自然貫通，無往不至，何堅不摧也，於人對待，四手當先，亦自八門五步而來，四手，手手碾磨，進退四手，中四手，上下四手，三才四手，由下乘長拳四手起，大開大展，練至緊湊屈伸自由之功，則升之中上成矣。

太極陰陽顛倒解

陽，乾、天、日、火、離、放、出、發、對、開、臣、肉、用、氣、身、武、立命、方、呼、上、進、隅，陰，坤、地、月、水、坎、捲、入、

蓄、待、合、君、骨、體、理、心、文、盡性、
圓、吸、下、退、正，蓋顛倒之理，水火二字詳之
則可明，如火炎上，水潤下者，水能使火在下而用
水在上，則為顛倒，然非有法治之，則不得矣，辟
如水入鼎內，而治火之上，鼎中之水，得火以燃
之，不但水不能下潤，藉火氣水必有溫時，火雖炎
上，得鼎以隔之，是為有極之地，不使炎上，炎火
無止息，亦不使潤下之水，永滲漏，此所為水火既
濟之理也，顛倒之理也，若使任其火炎上來潤下，
必至火水必分為二，則為火水未濟也，故云分而為
二，合之為一之理也，故去一而二、二而一，總斯
理為三，天地人也，明此陰陽顛倒之理，則可與言
道，知道不可須臾離，則可與言人，能以人弘道，
知道不遠人，則可與言天地同體，上天下地，人在
其中矣，苟能參天察地，與日月合其明，與五嶽四
讀華朽，與四明之錯行，與草木共枯榮，明鬼神之
吉凶，知人事興衰，則可言乾坤為一大天地，人為
一小天地也，夫如人之身心，致知格物於天地之知
能，則可言人之良知良能，若思不失固有，其功用
浩然正氣，直養無害，攸久無疆矣，所謂人身生成
一小天地者，天也，性也，地也，命也，人也，虛

靈也，神也，若不明之者，烏能配天地為三乎，然非盡性立命，窮神達化之功，胡為乎來哉。

人身太極解

人之周身，心為一身之主宰，主宰太極也，二目為日月，即兩儀也，頭像天，足像地，人中之人及中腕，合之為三才也，四肢四象也，腎水，心火，肝木，肺金，脾土，皆屬陰，膀胱水，小腸火，膽木，大腸金，胃土，皆陽矣，茲為內也，頭丁火，地閣承漿水，左耳金，右耳木，兩命門也，茲為外也，神出於心，目眼為心之苗，精出於腎，腦腎為精之本，氣出於肺，膽氣為肺之原，視思明心動，神流也，聽思聰，腦動腎滑也，鼻之息香臭，口之呼吸出入，水鹹，木酸，土辣，火苦，金甜及言語聲音，木毫，火焦，金潤，土墭，水漂，鼻息，口吸呼之味，皆氣之往來，肺之門戶，肝膽巽震之風雷，發之聲音，出入五味，此言口、目、鼻、舌，神意使之六合，以破六欲也，此內也，手足肩膝肘胯亦使六合，以正六通也，此外也，眼、耳、鼻、口，大小便肚臍，外七竅也，喜、怒、憂、思、悲、恐、驚，內七情也，七情皆以心為

主，喜心，怒肝，憂脾，悲肺，恐腎，驚膽，思小腸，怕膀胱，愁胃，慮大腸，此內也，夫離南正午火心經，坎北正子水腎經，震東正卯木肝經，兌西正酉金肺經，乾西北隅金火腸化水，坤西南隅土脾化土，巽東南隅膽木化土，艮東北隅胃土化火，此內八卦也，外八卦者二四為肩，六八為足，上九下一左三右七也，坎一，坤二，震三，巽四，中五，乾六，兌七，艮八，離九，此九宮也，內九宮亦如此，表裏者，乙肝左肋，化金通肺，甲膽化土通脾，丁心化木中膽通肝，丙小腸化水通腎，已脾化土通胃，戊胃化火通心，後背前胸，山澤通氣，辛肺右肋化水通腎，庚大腸化金通肺，癸腎下部化火通心，壬膀胱化木通肝，此十天干之內外也，十二地支亦如此之內外也，明斯理則可與言修身之道矣。

太極分文武三成解

蓋言道者，非自修身，無由得也，然又分為三乘之修法，乘者成也，上乘即大成也，下乘即小成也，中乘即誠之者成也，法分三修，成功一也，文修於內，武修於外，體育內也，武事外也，其修法內外表裏，成功集大成，即上乘也，由體育之文而

得武事之武，或由武事之武而得體育之文，即中乘也，然獨知體育，不入武事而成者，或專武事不為體育而成也，即小成也。

太極下乘武事解

太極之武事，外操柔軟內含堅剛，而求柔軟，柔軟之於外，久而久之，自得內之堅剛，非有心之堅剛，有心之柔軟也，所難者，內要儲蓄堅剛而不施，外終柔軟而迎敵，以柔軟而應堅剛，使堅剛盡化無有矣，其功何以得乎，要非粘黏連隨已成，自得運動知覺，方為懂勁，而後神而明文，化境極矣，失四兩撥千斤之妙，功不及化境將何以能，是所謂懂粘運，得其視聽輕靈之巧耳。

太極正功解

太極者元也，無論內外上下左右，不離此元地，太極者方也，無論內外上下左右，不離此方也，元之出入，方之進退，隨方就元之往來也，方為開展，元為緊湊，方元規矩之至，其就能出此以外哉，如此得心應手，仰高贊堅，神乎其神，見隱顯微，明而且明，生生不已，欲罷不能。

太極輕重浮沉解

雙重為病，乾於填實，與沉不同也，雙沉不為病，自爾騰虛，與重不易也，雙浮為病，只如漂渺，與輕不例也，雙輕不為病，天然清靈，與浮不等也，半輕半重不為病，偏輕偏重為病，半者半有著落也，所以不為病，偏者偏無著落也，所以為病，偏無著落必失方圓，半有著落豈出方圓，半浮半沉為病，失於不及也，偏浮偏沉失於太過也，半重偏重滯而不正也，半輕偏輕靈而不圓也，半沉偏沉虛而不正也，半浮偏浮茫而不圓也，夫雙輕不近於浮則為輕靈，雙沉不近於重則為離虛，故曰上手輕重，半有著落，則為平手，除此三者之外，皆為病手，蓋內之虛靈不昧，能致於外氣之清明，流行乎肢體也，若不窮研輕重浮沉之手，徒勞掘井，不及泉之歎耳，然有方圓四正之手，表裏精粗無不到，則已極大成，又何云四隅出方圓矣，所謂方而圓，圓而方，超乎象外，寰中之上手也。

太極四隅解

四正即四方也，所謂掤攦擠按也，初不知方能

始圓，方圓復始之，理無已，焉能出隅之手矣，緣人外之肢體，內之神氣，弗緝輕靈方圓，四正之功，始出輕重浮沉之病，則有隅矣，辟如半重偏重滯而不正，自然為採挒肘靠之隅手或雙重填實，亦出隅手也、病多之手，不得已以隅手扶之而歸圓中，方正之手，雖然至底者，肘靠亦及此，以補其所以云爾，春後功夫能至上乘者亦須獲採挒而仍歸大中至正矣，是四隅之所用者，因失體而補缺云云。

太極平準腰頂解

頂如準，故云頂頭懸也，兩手即平左右之盤也，腰即平之根株也，立如平準，所謂輕重浮沉，分厘毫絲則偏，顯然矣，有準頂頭懸，腰之根下株尾閭至胸門也上下一條線，全憑兩平轉，變換取分毫，尺寸自己辨，車輪兩命門，一纛搖又轉，心令氣旗使，自然隨我便，滿身輕利者，金剛羅漢煉，對待有往來，是早或是晚，合則放發去，不必凌霄箭，涵養有多少，一氣哈而遠，口授須秘傳，開門見中天。

太極血氣根本解

血為營，氣為衛，血流行於肉，膜胳，氣流行

於骨，筋，脈，筋甲為骨之餘，髮毛為血之餘，血
旺則髮毛盛，氣足則筋甲壯，故血氣之勇，力出於
骨，皮毛之外壯，氣血之體，用出於肉，筋甲之內
壯，氣以血之盈虛，血以氣之消長，消長盈虛，週
而復始，終身用之，不能盡者矣。

【註】纛（ㄉㄠˋ），古代軍隊裏的大旗。

太極四時五氣解圖

夏火呵南

春木噓東

西呬金秋

北吹水冬吸呼土中央

太極力氣解

氣走於膜胳筋脈，力出於血肉皮骨，故有力者，皆外壯於皮骨，形也，有氣者，是內壯於筋脈，象也，氣血功於內壯，血氣功於外壯，要之明於氣血二字之功能，自知力氣之由來矣，知氣力之所以然，自能用力行氣之分別，行氣於筋脈，用力於皮骨，大不相侔也。

【註】侔（ㄇㄡˊ），相等。

太極尺寸分毫解

功夫先煉開展，後煉緊湊，開展成而得之，才講緊湊，緊湊得成，才講尺寸分毫，由尺住之功成，而後能寸住，分住、毫住，此所謂尺寸分毫之理也，明矣。然尺必十寸，寸必十分，分必十毫，其數在焉，故云，對待者數也，知其數則能得尺寸分毫也，要知其數，非秘授而能量之者哉。

太極膜脈筋穴解

節膜，拿脈，抓筋，閉穴，此四功由尺寸分毫得之後而求之。膜若節之，血不周流，脈若拿之，

氣難行走，筋若抓之，身無主地，穴若閉之，神昏氣暗，抓膜節之半死，申脈拿之似亡，單筋抓之勁斷，死穴閉之無生，總之氣血精神，若無身，何有主也，如能節拿抓閉之功，非得點傳不可。

太極字字解

挫柔捶打於己於人，按摩推拿於己於人，開合升降於己於人，此十二字皆用手也，屈伸動靜於己於人，起落急緩於己於人，閃還撩了於己於人，此十二字於己氣也，於人手也，轉換進退於己身也，於人步也，顧盼前後於己目也，於人手也，即瞻前眇後左顧右盼也，此八字關乎神矣，斷接俯仰此四字關乎意勁也，斷接關乎神氣也，俯仰關乎手足也，勁斷意不斷，意斷神可接，勁意神俱斷，則俯仰矣，手足無著落耳，俯為一叩仰為一反而已矣，不使叩反，非斷而復接不可，對待之字以俯仰為重，時刻在心身手足，不使斷之無接，則不能俯仰也，求其斷接之能，非見隱顯微不可，隱微似斷而未斷，見顯似接而未接，接接斷斷，斷斷接接，其意心身體神氣極於隱顯，又何虛不粘黏連隨哉。

太極節拿抓閉尺寸分毫辨

對待之功既得，尺寸分毫於手，則可量之矣，然不論節拿抓閉之手易，若節膜，拿脈，抓筋，閉穴，則難，非尺寸分毫量之不可得也，節不量，由按而得膜，拿不量，由摩而得脈，抓不量，由推而得拿，閉非量而不能得穴，由尺盈而縮之寸分毫也，此四者雖有高授，然非自己功夫久者，無能貫通焉。

太極補瀉氣力解

補瀉氣力於自己難，補瀉氣力於人亦難，補自己者，知覺功虧則補，運動功過則瀉，所以求諸已不易也，補於人者，氣過則補之，力過則瀉之，此勝彼敗所由然也，氣過或瀉，力過或補，其理雖亦然，其有詳夫過補，為之過上加過，遇瀉為之緩，他不及他必更過，仍加過也，補氣瀉力於人之法，均為加過於人矣，補氣名曰結氣法，瀉力名曰空力法。

太極空結挫揉論

有挫空挫結，有揉空揉結之辨，挫空者則力隅

矣，挫結者則氣斷矣，揉空者則力分矣，揉結者則氣隔矣，若結柔挫則氣力反，空揉挫則氣力敗，結揉挫則力盛於氣，力在氣上矣，空揉挫則氣盛於力，氣過力不及矣，挫結揉，揉結挫，皆氣閉於力矣，挫空揉，揉空挫皆力鑿於氣矣，總之挫結揉空之法，亦必由尺寸分毫量，能如是也，不然無地之挫揉，平虛之靈結，亦何由而致於哉。

懂勁先後論

夫未懂勁之先，長出頂偏丟抗之病，既懂勁之後，恐出斷接俯仰之病，然未懂勁故然病亦出，勁既懂何以出病呼，勁似懂未懂之際，正在兩可，斷接無準矣，故出病神明及猶不及，俯仰無著矣，亦出病，若不出斷接俯仰之病，非真懂勁弗能不出也，胡為真懂，因視聽無由，未得其確也，知瞻耳少 顧盼之視，覺起落緩急之聽，知閃還撩了之運，覺轉換進退之動，則為真懂勁，則能接及神明及神明自攸往有由矣，有由者，由於懂勁，自得屈伸動靜之妙，有屈伸動靜之妙，開合升降又有由矣，由屈伸動靜，見入則開，遇出則合，看來則詳，就去則升，夫而後才為真及神明矣，明也豈可

日後不慎，行坐臥走，飲食溺洇之功，是所為及中成大成也哉。

尺寸分毫在懂勁後論

在懂勁先求尺寸分毫，為之小成，不過未技武事而已，所謂能尺於人者，非先懂勁也，如懂勁後，神而明之，自然能量尺寸，尺寸能量才能節拿抓閉矣，知膜脈筋穴之理，要必明存亡之手，知存亡之手，要必明生死之穴，其穴之數安可不知乎，知生死之穴數，烏可不明閉而不生乎，烏可不明閉而無生乎，是所謂二字之存亡，一閉之而已盡矣。

太極指發掌捶手解

自指下之腕上，裏者為掌。五指之首為之手，五指皆為指，五指權裏其背為捶，如其用者，按推掌也，拿柔，抓閉，俱用指也，挫摩，手也，打捶也，夫捶有搬攔，有指襠，有肘底，有撇身四捶之外，有覆捶，掌有摟膝，有換轉，有單鞭，有通背，四掌之外，有串掌手，有雲手，有提手，有十字手，四手之外，有反手，指，有屈指，有伸指，捏指，閉指，四指之外有量指，又名尺寸指，又名

覓穴指，然指有五指，有五指之用，首指為手，仍為指故，又名手指，其一，用之為旋指旋手，其二用之為根指根手，其三用之為弓指弓手，其四用之為中合手指，四手指之外，為獨指獨手也，食指為卞指，為劍指，為佐指，為粘指，中正為心指，為合指，為鉤指，為抹指，無名指，為全指，為環指，為代指，為扣指，小指為幫指，補指，媚指，掛指，若此之名知之易，用而之難，得口訣秘法亦不易為也，其次有對掌，推山掌，射雁掌，晾翅掌，似閉掌，拗步掌，彎弓指，穿梭指，探馬手，彎弓手，抱虎手，玉女手，跨虎手，通山搥，葉下搥，背反搥，勢分搥，捲挫搥，再其次，步隨身換，不出五行，則無失錯矣，因其粘連黏隨之理，捨己從人，身隨步自換，只要無五行之舛錯，身形腳勢出於自然，又何慮些須之病也。

口授穴之存亡論

穴有存亡之穴，要非口授不可，何也，一因其難學，二因其關乎存亡，三因其人才能傳，第一不授不忠不孝之人，第二不傳根底不好之人，第三不傳心術不正之人，第四不傳魯莽滅裂之人，第五不

傳授目中無人之人，第六不傳知禮無恩之人，第七不授反覆無常之人，第八不傳得易失易之人，此須知八不傳，匪人更不待言矣，如其可以傳，再口授之秘訣，傳忠孝知恩者，心氣和平者，守道不失者，真以為師者，始終如一者，此五者果其有始有終，不變如一，方可將全體大用之功，授之於徒也，明矣，於前於後代代相繼，皆如是之所傳也，噫抑亦知武事中烏有匪人哉。

張三豐承留

天地即乾坤，伏羲為人祖，畫卦道有名，堯舜十六甘，微危允厥中，精一及孔孟，神化性命功，七二乃文武，授之至予來，字著宣平計，延年樂在身，元善從復始，虛靈能德明，理令氣形具，萬載詠長春，心兮誠真跡，三教無兩家，統言皆太極，浩然塞而沖，方正千年立，繼往聖永綿，開來學常續，水火既濟焉，願至戌畢字。

口授張三豐老師之言

予知三教歸一之理，皆性命學也，皆以心為身之主也，保全心身，永有精氣神也，有精氣神才能

文思安安，武備動動，安安動動乃文乃武，大而化之者，聖神也，先覺者得其寰中，超乎象外矣，後學者以效無覺之所知能，其知能雖人固有之知能，然非效之不可得也，夫人之知能，天然文武，目視耳聽，天然文也，手舞足蹈，天然武也，孰非固有也，明矣。前輩大成文武聖神，授人以體育修身進之不以武事修身，傳之至予，得之手舞足蹈之採戰，借其身之陰以補助之陽，身之陽男也，身之陰女也，然皆子身中矣，男之身只一陽，男全體皆陰，女以一陽採戰全體之陰女，故云一陽復始，斯身之陰女不獨七二，以一姹女配嬰兒之名變化千萬姹女採戰之可也，亦安有男女後天之身以補之者，所謂自身之天地扶助也，是為陰陽採戰也，如此者，是男子之身皆屬陰而採自身之陽，戰已身之女，不如兩男之陰陽對待修身速也，予及此傳於武事，然不可以末技視，依然體育之學，修身之道，性命之功，聖神之境也，今夫兩男之對待採戰，於己身之採戰，其理不二，已身亦遇對待之數，則為採戰也，是為汞鉛也，於人對戰坎離之陰陽兌震，陽戰陰也，為之四正，乾坤之陰陽艮巽陰採陽也，為之四隅，此八卦也，為之八門，身足位列中土，

進步之陽以戰之，退步之陰以採之，左顧之陽以採之，右盼之陰以戰之，此五行也，為之五步，共為八門五步也，夫如是予授之爾終身用之不用盡者矣，又至予得武繼武，必當以武事傳之而修身也，修身入道，無論武事文為，成功一也，三教三乘之原，不出一太極，願後學以易理格致於身中，留於後世也。

張三豐以武事得道論

蓋未有天地，先有理，理為氣之陰陽主宰，主宰理以有天地，道在其中，陰陽氣道之流行，則為對待，對待者陰陽也，數也，一陰一陽之為道，道無名天地始，道有名萬物母，未有天地之前無極也，無名也，既有天地之後有極也，有名也，然前天地者曰理，後天地者曰母，是乃理化先天陰陽氣數，母生後天胎卵濕化，位天地，育萬育，道中和，然也，故乾坤為大父母先天也，爹娘為小父母後天也，得陰陽先後天之氣以降生身，則為人之初也，夫人身之來者，得大父母之命性賦理，得小父母之精血形骸，合先後天之身命，我得而成人也，以配天地為三才，安可失性之本哉，然能率性則本

不失，既不失本來面目，又安可失身體之去處哉，夫欲尋去處，先知來處，來有門，去有路，良有以也，然有何以之，以之固有之知能，無論知愚賢否，固有知能皆可以之進道，既能修道，可知來處之源，必能去處之委，來源去委既知，能必明身不修，故曰自天於至於庶人，一是皆以修身為本，夫修身以何，以之良知良能，視目聽耳，曰聰曰明，手舞足蹈，乃武乃文，致知格物，意誠心正，心為一身之主，正意誠心以足蹈五行乎，舞八卦，手足為之四象，用之殊途良能不原，目視三合，耳聽六道，目耳亦是四形體之一表，良知歸本耳目，手足分而為二，皆為兩儀合之為一，共為太極，此由外斂入之於內，亦自內發出之於外也，能如是表裏精粗無不到，豁然貫通，希賢希聖之功，自臻於曰睿，曰智乃聖乃神。所謂盡性立命，窮神達化在茲矣，然天道人道一誠而已矣。

楊振鐸首次傳承弟子

胡步雲	楊永芬（女）	郭建生
戈金剛	謝文德	王德星（女）
高俊生	張素珍（女）	楊禮儒
苗光照	李存厚	孫剛臣
程相雲	楊春如	周亞珍（女）
林秋雅（馬來西亞）（女）		王　文
張桂蘭（女）	滑小龍	張美美（瑞典）（女）
段英蓮（女）	李壽堂	李秀英（女）
王涵蓉（美國）（女）		閻鳳祥（女）
賈承平（女）	李七梅（女）	喬榮建
田憲文	宋　斌	耿　鶯（女）
楊文升	羅海平（女）	藥俊芳（女）
王白玄	簡桂妍（女）	梁秀芳（女）
牛新中	楊樹芳（女）	

楊振鐸第二次傳承弟子

郭樹林	郝紅玲（女）	曲巧魚（女）	閻維喜
張建勝	任兆基	秦慧玲（女）	王熙有
郭小芳	戚連香（女）	和成紅（女）	王志強
馬建軍	李生武	何勇	郝曉玉（女）
侯玉華（女）	魏建國	張寶娥（女）	劉太多（女）
常建立	張未仙（女）	邊秀宏	李瑞家（女）
梁軍虎	崔娟（女）	彭莉（女）	杜生耀
楊錦秀（女）	李天才	黃建東	王仲文
任春林	弓心伶（女）	白冬榮（女）	張進凱
李湘蓮（女）	蘆玉琴（女）	教桂雲（女）	范德治
乞霖	劉忠良	史錦華（女）	趙琦
王瑛（女）	張志勇	馬國華	喬建林
薛繼珍（女）	翟朝峰	柴吉良	鄭金崇
鄭菊英（女）	羅海英（女）	趙清	辛甲安
李鵬（女）	高鋒（女）	姜亞範（女）	劉森
喬青雲（女）	王玉珍（女）	劉中克（女）	李瑞珍（女）
杜燕萍（女）	宋春香（女）	汪素霞（女）	賈淑敏（女）

賀勝利

Frank Grothstuck（弗蘭克·古適斯度克）（德國）

And Lee（李安娣）（美國）（女）

Andre Leray（安德列·勒瑞）（法國）

bill Walsh（比爾·沃爾斯）（美國）

Jean Marc Geering（讓——馬克哥潤）（瑞士）

Dave Barrett（大衛白瑞特）（美國）

楊振鐸第三、四、五次傳承弟子

第三次傳承弟子：

| 楊 軍 | 楊 斌 | 馮維華 | 盧冬梅（女） |
| 吳宗福 | 胡富川 | 侯繼華 | 袁穎穎（女） |

第四次傳承弟子：

馬 萍（女）	許廷國	牛建華	宋元增
王進修	馮守俊	楊子華（女）	高愛萍（女）
馬潤良（女）	秦慧珍（女）		

第五次傳承弟子：

劉喜英（女）	董郁文	楊培基	劉隊森
李國英（女）	馬粉萍（女）	王晉芳（女）	張玲娣（女）
楊春霞（女）	賀聰明	孫月慶	鄭樹軍
趙海平	李 慧（女）	白景虎	宋眼林
李晶晶（女）	王翠蓮（女）	戴紹朋	趙一新（女）
馮彩霞（女）	馮豔霞（女）	許 蓉（女）	高文鑒
杜星龍			

楊氏世系表

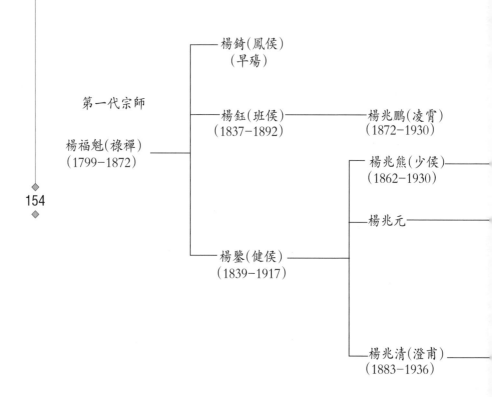

第一代宗師

楊福魁(祿禪)
(1799-1872)

楊錡(鳳侯)
(早殤)

楊鈺(班侯)————————楊兆鵬(凌霄)
(1837-1892)　　　　　　(1872-1930)

楊兆熊(少侯)————
(1862-1930)

楊兆元————

楊鑒(健侯)
(1839-1917)

楊兆清(澄甫)————
(1883-1936)

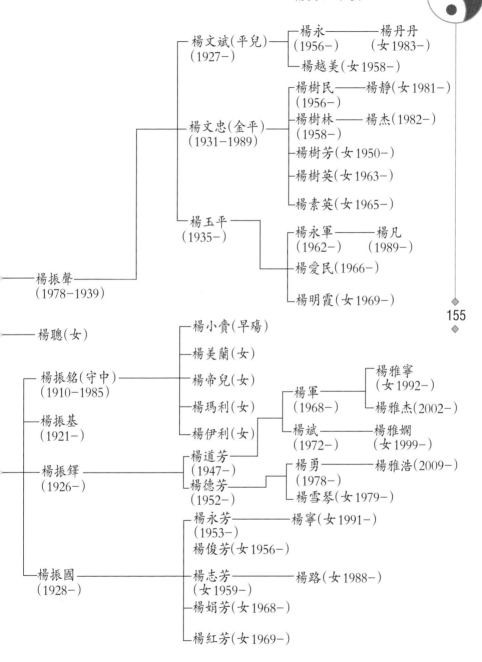

楊氏世系表 ◀◀◀◀◀

楊振聲
(1978-1939)

　楊文斌(平兒)
　(1927-)
　　　楊永　　　　楊丹丹
　　　(1956-)　　(女1983-)
　　　楊越美(女1958-)

　楊文忠(金平)
　(1931-1989)
　　　楊樹民　　　楊靜(女1981-)
　　　(1956-)
　　　楊樹林　　　楊杰(1982-)
　　　(1958-)
　　　楊樹芳(女1950-)
　　　楊樹英(女1963-)
　　　楊素英(女1965-)

　楊玉平
　(1935-)
　　　楊永軍　　　楊凡
　　　(1962-)　　(1989-)
　　　楊愛民(1966-)
　　　楊明霞(女1969-)

155

楊聰(女)

楊振銘(守中)
(1910-1985)
　楊小賞(早殤)
　楊美蘭(女)
　楊帝兒(女)
　楊瑪利(女)
　楊伊利(女)

楊振基
(1921-)

楊振鐸
(1926-)
　楊道芳
　(1947-)
　楊德芳
　(1952-)
　　　楊軍
　　　(1968-)
　　　　楊雅寧
　　　　(女1992-)
　　　　楊雅杰(2002-)
　　　楊斌
　　　(1972-)
　　　　楊雅嫻
　　　　(女1999-)
　　　楊勇
　　　(1978-)
　　　　楊雅浩(2009-)
　　　楊雪琴(女1979-)

楊振國
(1928-)
　楊永芳
　(1953-)
　　　楊寧(女1991-)
　楊俊芳(女1956-)
　楊志芳
　(女1959-)
　　　楊路(女1988-)
　楊娟芳(女1968-)
　楊紅芳(女1969-)

健康加油站

健康加油站

武術武道技術

截拳道入門

體育教材

歡迎至本公司購買書籍

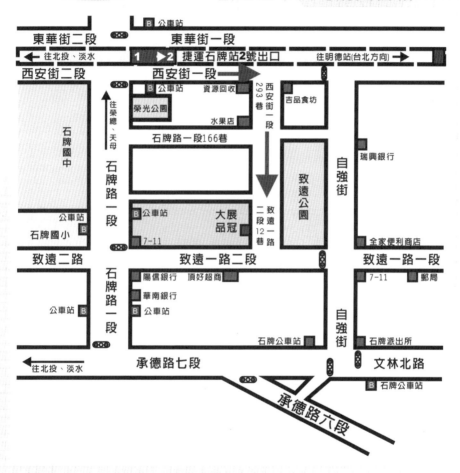

建議路線

1. 搭乘捷運‧公車

　　淡水線石牌站下車，由石牌捷運站２號出口出站(出站後靠右邊)，沿著捷運高架往台北方向走(往明德站方向)，其街名為西安街，約走100公尺(勿超過紅綠燈)，由西安街一段293巷進來(巷口有一公車站牌，站名為自強街口)，本公司位於致遠公園對面。搭公車者請於石牌站(石牌派出所)下車，走進自強街，遇致遠路口左轉，右手邊第一條巷子即為本社位置。

2. 自行開車或騎車

　　由承德路接石牌路，看到陽信銀行右轉，此條即為致遠一路二段，在遇到自強街(紅綠燈)前的巷子(致遠公園)左轉，即可看到本公司招牌。

國家圖書館出版品預行編目資料

楊氏太極拳用法 ／ 楊振鐸　著
——初版，——臺北市，大展，2016〔民105．02〕
面；21公分 ——（楊式太極拳；9）
ISBN　978－986－346－101－2（平裝；附數位影音光碟）

1.太極拳

528.972　　　　　　　　　　　　　　　　104026759

楊氏太極拳用法 附 DVD

著　　者／楊振鐸
責任編輯／楊丙德
發 行 人／蔡森明
出 版 者／大展出版社有限公司
社　　址／台北市北投區（石牌）致遠一路2段12巷1號
電　　話／（02）28236031・28236033・28233123
傳　　眞／（02）28272069
郵政劃撥／01669551
網　　址／www.dah-jaan.com.tw
E－mail ／ service@dah-jaan.com.tw
登 記 證／局版臺業字第2171號
承 印 者／傳興印刷有限公司
裝　　訂／眾友企業公司
排 版 者／弘益電腦排版有限公司
授 權 者／山西科學技術出版社
初版1刷／2016年（民105年）2月

定　價／300元

大展好書　好書大展
品嘗好書　冠群可期